AF469799

LES FILS
DE
LEURS ŒUVRES

Tirage à petit nombre pour les bibliophiles et les curieux (impression, papier et format du *Dictionnaire des Pseudonymes*) :

Papier de Hollande. . .		400	exemplaires.
—	Whatmann . . .	20	—
—	de Chine	10	—

Ces trente derniers exemplaires sont numérotés et signés par l'auteur.

GEORGES D'HEILLY

LES FILS DE LEURS ŒUVRES

A PARIS
CHEZ LE LIBRAIRE ROUQUETTE
AU N° 85 DU PASSAGE CHOISEUL

1868

A MARIUS TOPIN.

Voici, mon cher ami, une « brochurette » qui doit beaucoup à vos conseils et à laquelle vous avez aussi fourni bon nombre de renseignements. Découvrir l'origine des gens n'est pas toujours chose facile, et sans vous j'eusse ignoré beaucoup de faits intéressants et curieux. Vous accepterez donc cette petite dédicace, sans vous trop faire prier, ne serait-ce, — à défaut d'autre raison, — que comme une nouvelle preuve de sympathie et d'estime.

GEORGES D'HEILLY.

AU LECTEUR.

Le premier qui fut roi fut un soldat heureux;
Qui sert bien son pays n'a pas besoin d'ayeux.

VOLTAIRE, Mérope.

Il est de ces mortels favorisés des cieux
Qui sont tout par eux seuls et rien par leurs aïeux.

VOLTAIRE, la Henriade.

Si ce petit livre a la bonne fortune et l'honneur de tomber sous les yeux d'un des nobles, célèbres et illustres personnages dont il indique l'origine (1), j'ose le prier de lire et de méditer tout d'abord l'historiette authentique que je vais lui raconter.

(1) Il faut toujours indiquer ses sources de renseignements, si l'on veut être cru du lecteur. Cette petite bro-

Un célèbre général du premier Empire, comte, pair de France sous la deuxième Restauration, mort sous Louis-Philippe, comblé de gloire, de dignités, d'honneurs et aussi d'années, le général Partouneaux, voulut, quelque temps avant de mourir, mettre en ordre ses papiers de famille, et léguer à ses héritiers et à sa descendance la preuve incontestée de sa haute illustration.

chure doit ses meilleures informations aux *Dictionnaires* de Vapereau, et de Dézobry et Bachelet; à la *Biographie des Musiciens* de Fétis; à l'interminable *grand Dictionnaire* Larousse, pour la parcelle terminée; au *Dictionnaire de la Conversation;* aux *Biographies* présentes et passées d'Eug. de Mirecourt; à celles publiées il y a quelques années par H. Castille; à la curieuse et trop oubliée *Biographie des hommes du jour* de Germain Sarrut; aux diverses biographies des sénateurs et des députés, et aussi à quelques aimables employés de mairie, de Paris et de la province, qui ont bien voulu, sur ma demande, ouvrir leurs registres en ma faveur et me donner des indications certaines que je n'aurais pu me procurer ailleurs. Enfin, Marius Topin, Jules Claretie et plusieurs autres, célèbres dans la tribu restreinte des chercheurs, me sont également venus en aide. Bien des sources pour peu de pages ! dira-t-on. Si cependant je me suis encore trompé, je ne pourrai que m'accuser de n'en avoir pas réuni et consulté davantage.

Son acte de naissance lui manquait; né à Romilly (Aube), en 1770, il pria le procureur du Roi de Nogent-sur-Seine de lui faire délivrer une expédition de son état civil. Celui-ci s'adressa au maire de la localité, qui fit copier l'acte et l'expédia ensuite au général.

Quelques jours après, le général renvoyait ladite copie en faisant remarquer qu'elle contenait une erreur considérable pour lui : « On m'y donne pour père, disait « à peu près le général, un *chevalier;* or, « mon père était simplement *cuisinier.* « Comme je tiens à montrer à mes enfants « que je suis bien le fils de mes œuvres, « que, parti d'aussi bas, je suis parvenu par « mon seul mérite et par ma seule volonté « aux plus hautes dignités et aux plus « grands honneurs, je vous prie de me « faire donner une copie exacte de mon « acte de naissance. Loin de rougir de mon « origine, je m'en fais gloire; les fils de cui- « siniers ne deviennent pas tous les jours « généraux; mes enfants (1) ne rougiront

(1) Son fils, mort en 1865, était aussi devenu lieutenant général et commandait une division de la cavalerie de la garde, à Solferino.

« pas plus que moi de l'obscurité de mon « point de départ, que je tiens avant tout à « établir par pièces parfaitement authen- « tiques et légales. »

Le procureur du roi s'empressa de demander des explications au maire de Romilly, qui vint en personne et aussitôt les lui donner :

« Je savais bien, dit le premier magistrat de Romilly, que le père du général était cuisinier, mais j'ai craint que la chose lui fût désagréable, et j'ai substitué à la qualité inscrite dans l'acte de naissance un titre qui m'a semblé plus convenable et plus digne du grand personnage qui en réclamait la copie. »

Ce petit incident m'avait souvent été raconté par un mien parent, avoué à Nogent-sur-Seine, et je me le suis rappelé dans ces derniers temps; je faisais alors des recherches pour mon *Dictionnaire des Pseudonymes*, et il me vint à l'idée de noter au passage les origines de quelques illustres personnages de notre époque, origines bien obscures et bien vulgaires à les comparer à l'éclat actuel de leur situation. Ah! ceux-là étaient bien les fils d'eux-mêmes, leurs propres aïeux; ils étaient nés de leurs œuvres ! avant eux leur nom était aussi obscur et aussi inconnu qu'il est aujourd'hui estimé et célèbre. Ils devaient tout à leur mérite, à leur volonté, à leurs labeurs!

Car on peut médire du siècle où nous vivons, parler de sa légèreté, de sa frivolité et de son inconstance; on peut rire même de son scepticisme, et aiguiser contre lui mille vieux arguments de l'autre monde; il n'en est pas moins le siècle des parvenus dans le sens le plus noble et le plus glorieux du mot; le siècle de la véritable égalité, où chacun fait lui-même sa trouée et peut, quel qu'il soit, d'où qu'il vienne, arriver à tout par sa seule valeur et sa seule volonté. Que quelques vieilles douairières endurcies regrettent encore les changements survenus depuis quatre-vingts ans dans nos lois, dans nos mœurs, comme dans nos libertés, qu'importe! L'époque aimable de l'omnipotent Louis XV leur fait encore envie? Laissons-les dire! Alors la naissance faisait les grands hommes, ceux qu'on disait illustres et qui accaparaient à eux seuls(1) les hauts emplois dans l'administration, dans le clergé, dans la finance, dans l'armée. Alors on était évêque en nourrice et colonel au berceau. Alors encore, le noble battait le vilain, parce que le noble était noble, et parce que le vilain était vilain. C'était là la vraie raison de toutes choses, la seule admise, la seule exacte, la seule infaillible!

Je ne dis point qu'aujourd'hui une origine illustre soit nuisible à qui veut parvenir; le souvenir de grands services rendus par leurs pères doit servir à la protection des enfants; il leur donne un nom, il les recommande à l'attention, mais par cela même il les oblige à une supériorité qui devient l'honneur et la garantie de leur race. Mais les fils de leurs propres œuvres, ces nobles et généreux parvenus qui n'étant rien se sont faits eux-mêmes quelque chose, ceux-là qui, nés au fond d'une boutique, entre la mélasse et les pruneaux ou le mérinos et la flanelle, se sont sentis dès

(1) On ne pourrait citer que de bien rares exceptions.

leur enfance supérieurs à l'honorable mais vulgaire position de leur famille, et ont secoué, coûte que coûte, le joug du métier paternel pour voler de leurs propres ailes à la poursuite de ce qui était pour eux l'inconnu et l'idéal, voilà ceux qui nous paraissent surtout dignes de l'admiration de tous, car ils ont eu à lutter à la fois contre leur obscurité et contre leur destin. Ils n'étaient rien, et ils tiennent aujourd'hui, par leur intelligence et leur talent, l'avenir du monde dans leurs mains; ils sont le lustre, l'honneur, la gloire de leur époque, et « l'obscurité de leur point de départ leur est comptée comme un titre de plus à l'estime, et rehausse l'éclat du point d'arrivée (1). »

J'ai noté dans la présente brochure les noms de quelques-uns de ces inconnus dont « le point de départ » a été si obscur et dont « le point d'arrivée » est aujourd'hui si brillant, et j'aime à croire qu'on ne verra dans ce petit travail que l'intention honnête qui me l'a fait entreprendre. Ce doit être en effet une pensée consolante pour

(1) V. Hugo, *Odes et Ballades*, préface de la réédition de 1853.

tous, que celle de cette égalité absolue qui force à se coudoyer dans le même monde et dans les mêmes sphères sociales et officielles, tous ces illustres parvenus et tous ces descendants de vieilles familles, fils de pères non moins illustres, mais dont les ancêtres avaient été aussi en leur temps de glorieux parvenus eux-mêmes.

J'aurais pu rendre plus longue cette nomenclature, mais je n'ai pas même songé à la faire complète. J'ai simplement voulu montrer par quelques exemples choisis parmi ceux qui, dans les carrières les plus diverses, ont su se faire un nom célèbre et éclatant, que l'élite de la société actuelle est presque entièrement composée de ces inconnus sortis des familles les plus obscures, de celles qui précisément devaient jadis renoncer pour les leurs à tout espoir d'avenir moins vulgaire et plus brillant, de ces hommes enfin qui ont su, par leur propre valeur et leur seul mérite, arriver à la réputation, aux honneurs et même à la gloire.

GEORGES D'HEILLY.

LES FILS
DE
LEURS ŒUVRES

ABOUT (Edmond), célèbre écrivain, est le fils d'un *épicier*.

ACHARD (Amédée), homme de lettres distingué, avait pour père un *négociant* de Marseille.

ANTONELLI (le Cardinal), premier ministre du pape, avait pour père un *bûcheron*.

AUBER, compositeur illustre, membre de l'Institut, directeur du Conservatoire de musique, est le fils d'un *marchand d'estampes*.

J'ai pris ce renseignement dans Fétis : *Biographie des Musiciens*, 2e édition, où l'a également trouvé Vapereau. Mais un mien ami, qui réside à Caen, m'envoie de cette ville, où est né Auber, un extrait de l'état civil du célèbre musicien, où je lis ce qui suit : «... baptisé le mercredi 29 janvier 1782, à Caen, paroisse de Saint-Julien, fils de Jean-Baptiste Daniel Auber, *officier des chasses du Roi*, et de Françoise-Adélaïde Vincent, demeurant à Paris, aux Petites-Écuries-du-Roi, faubourg Saint-Denis. »

Or, dans une note du *Dictionnaire* précité, je vois que Fétis a connu le père d'Auber en 1810, alors qu'il était marchand d'estampes. Il en faut donc conclure que la Révolution ayant renversé le roi et ses chasses, M. Auber père perdit sa position, et s'improvisa, pour vivre, *marchand d'estampes*, faisant ainsi comme tant d'autres dépossédés et ruinés par la Révolution.

BARRESWILL, chimiste distingué, officier de la Légion d'honneur, avait pour père un *garçon de service* au château de Versailles.

BAUDRY (Paul), l'un des maîtres de la jeune école de peinture, grand prix de Rome de 1850, décoré en 1859 ; son père était *sabotier*.

BECEL (Mgr.), évêque de Vannes, est le fils d'un *boucher.*

BELLANGÉ (Hippolyte), célèbre peintre de batailles ; il avait pour père un *menuisier.*

BELMONTET, poëte jadis célèbre, député plus connu par ses interruptions que par ses discours, est le fils d'un *menuisier* de Montauban.

BENOIT-CHAMPY, président du Tribunal civil de la Seine, grand officier de la Légion d'honneur, avait pour père un *orfévre* de Provins.

BÉRANGER, le poëte national, le chansonnier du peuple, qui aurait pu être tout, s'il n'eût trouvé plus digne, — d'autres disent plus profitable, — de n'être rien. Sa vie est connue, sa mort fut presque un événement politique ; elle fut, en tout cas, un deuil public. Son père *tenait les livres d'un épicier,* sa mère était *modiste,* et son grand-père, chez qui il fut élevé, était *tailleur.*

BILLAULT, ancien ministre, célèbre orateur officiel, l'un des personnages les plus illustres du règne de Napoléon III, était le fils d'un *employé des douanes.*

BOITTELLE, sénateur, ancien préfet de police,

grand officier de la Légion d'honneur, avait pour père un *marchand épicier.*

BONJEAN, sénateur, premier président de cour impériale, grand officier de la Légion d'honneur, est le fils d'un *orfèvre.*

BONNEGRACE, peintre distingué, plusieurs fois médaillé ; décoré, etc., avait pour père un *marchand colporteur.*

BUFFET, ancien ministre, député, est fils d'un *commissaire-priseur* de Mirecourt.

CABANEL, peintre célèbre, membre de l'Institut, avait pour père un *petit marchand* de Montpellier qui ne savait même pas écrire.

CAPÉ, un nom illustre dans la tribu des relieurs. Une reliure de Capé, c'est le *nec plus ultra* des reliures. De son métier il avait fait un art ; ses moindres travaux se payaient au poids de l'or, et quand il avait habillé un volume, il le signait amoureusement, comme un peintre signe sa toile. Je ne sais ce qu'était son père, mais avant d'être le relieur célèbre que vous savez — il vient de mourir, — Capé était l'un des *portiers* du Louvre.

CAPEFIGUE, historien d'une valeur contestée, mais néanmoins célèbre; officier de la Légion d'honneur. Son père était *marchand drapier*.

CHALANDON (Mgr), archevêque d'Aix, Arles et Embrun, avait pour père un *négociant* de Lyon.

CHEVALIER (Michel), sénateur, membre de l'Institut, grand officier de la Légion d'honneur, est le fils d'un *petit marchand* de Limoges.

CLARETIE (Jules), écrivain distingué de la petite et de la grande presse, célèbre déjà à l'âge où les autres débutent, — né en 1840; — il est le fils d'un *fabricant de porcelaines*.

CLÉMENT (Pierre), historien célèbre, membre de l'Institut, avait pour père un *petit commerçant* de Draguignan.

CLÉSINGER, célèbre statuaire, gendre de George Sand, avait pour père un *encadreur* de Besançon.

CŒUR (Mgr), évêque de Troyes, prédicateur illustre, était fils d'un *fabricant de mousselines*.

COQUELIN, sociétaire du Théâtre-Français à 23 ans, l'un des comédiens de ce temps à qui l'avenir promet le plus de succès et de gloire, est le fils d'un *boulanger* de Boulogne-sur-Mer.

COUSIN (Victor), le chef de la philosophie moderne, ancien ministre, académicien, pair de France, etc., avait pour père un *ouvrier joaillier.*

CROSNIER, ancien directeur de l'Opéra, député, commandeur de la Légion d'honneur, était le fils des *portiers* du théâtre qu'il a dirigé.

DANIEL (Mgr), évêque de Coutances, avait pour père un *cultivateur.*

DARBOY (Mgr), archevêque de Paris, sénateur, grand aumônier de l'Empereur, est le fils d'un *marchand de bonneterie* de Fays-les-Billot.

Voici le chiffre des divers traitements de cet éminent prélat.

Archevêque de Paris.	50,000 fr.
Sénateur.	30,000 fr.
Grand Aumônier.	60,000 fr.
Evaluation du loyer du palais de l'archevêché.	40,000 fr.
	180,000 fr.

Un joli rêve, pour le fils d'un marchand de bas !

DARIMON, député, l'un des fameux *cinq* de la Chambre, du temps qu'ils n'étaient que *cinq*, avait pour père un *perruquier.*

DAUBIGNY, célèbre paysagiste, est le fils d'un *peintre en bâtiments.*

DAVID, d'Angers, illustre sculpteur, membre de l'Institut, mort en 1856, avait pour père un *pauvre ouvrier* d'Angers.

DEGUERRY (L'abbé), célèbre curé de la Madeleine, qui eût été évêque dix fois s'il l'eût voulu, avait pour père un *marchand de bois.*

DELANGLE, sénateur, ancien ministre, procureur général à la Cour de cassation, grand cordon de la Légion d'honneur, avait pour père un *entrepreneur de bâtiments.*

DELAROCHE (Paul), peintre célèbre, membre de l'Institut, était le fils d'un *employé* au mont-de-piété.

DENNERY, célèbre auteur dramatique, officier de la Légion d'honneur, avait pour père un *revendeur d'habits* à Paris.

DICKENS, le plus célèbre romancier contemporain de l'Angleterre, est le fils d'un petit et obscur *employé* de la marine anglaise.

DUPRÉ (Jules), célèbre paysagiste, est le fils d'un *fabricant de porcelaines.*

DUPREZ, illustre chanteur, professeur éminent, chevalier de la Légion d'honneur, avait pour père un *marchand de pommades et parfumeries.*

DURUY, ministre de l'Instruction publique, grand maître de l'Université, est fils d'un *tapissier* des Gobelins; son grand-père maternel, Jean Legendre, était *marchand de vins traiteur* à la barrière d'Italie.

A lire, dans l'*Événement* du 13 juin 1866, l'article sur M. Duruy, qui me fournit ces détails.

FAVÉ, général, aide-de-camp de l'Empereur, écrivain militaire distingué, est le fils d'un *marchand de bois.*

FAVRE (Jules), illustre avocat, député, académicien, est le fils d'un *commerçant* lyonnais.

FLEURY, général de division, sénateur, grand écuyer de l'Empereur, avait pour père un *négociant.*

FOREY, maréchal de France, sénateur, avait pour père un *gendarme.*

GARNIER, architecte du nouvel Opéra, est le fils d'un *forgeron.*

GENTEUR, conseiller d'État, commandeur de la Légion d'honneur, avait pour père un *cultivateur.*

GÉRÔME, peintre estimé, membre de l'Institut, est le fils d'un *bijoutier.*

GERVAIS, de Caen, célèbre médecin, directeur supérieur de l'École de commerce, commandeur de la Légion d'honneur, était le fils d'un *marchand épicier-fruitier* de Caen.

GEWAERT, compositeur distingué, avait pour père un *laboureur.*

GOUIN, député au Corps législatif, commandeur de la Légion d'honneur, est le fils d'un *négociant.*

GOUSSET (Mgr), cardinal, archevêque de Reims, sénateur, avait pour père un *vigneron.*

GRISAR (Albert), célèbre compositeur, avait pour père un *négociant.*

GUEYMARD, premier ténor de l'Opéra, est fils d'un *cultivateur.*

HALÉVY, célèbre compositeur de musique, membre de l'Institut, était le fils d'un *marchand épicier.*

HERMITE, membre de l'Institut, est le fils d'un *petit commerçant* de Dieuze.

HOUSSAYE (Arsène), célèbre écrivain, inspecteur général des Beaux-Arts, ancien directeur du Théâtre-Français, est le fils d'un *meunier.*

JEANRON, peintre de renom, ancien directeur général des musées, est le fils d'un *simple soldat.*

JOBERT DE LAMBALLE, médecin renommé, membre de l'Académie de médecine, était le fils d'un *chapelier.*

Je donne ici les noms connus des personnages que je cite, et qui ne sont pas toujours leurs noms vrais. Je renvoie à mon *Dictionnaire des Pseudonymes* les lecteurs qui voudront se mieux renseigner.

JOLLY (Mgr), archevêque de Sens, est le fils d'un *petit commis* aux recettes de l'Etat, à Sézanne.

JUAREZ, président de la république mexicaine, avait pour père un *esclave* indien.

JULIEN, proviseur du lycée Louis-le-Grand, commandeur de la Légion d'honneur, avait pour père un *chapelier.*

KASTNER, musicien et auteur d'écrits sur la musique, membre de l'Institut, était fils d'un *boulanger.*

LABICHE, célèbre auteur dramatique, avait pour père un *épicier*.

LANGLAIS, conseiller d'État, mort au Mexique ministre des finances du malheureux empereur Maximilien, avait pour père un *tisserand*. Il était gendre de la « poëtesse » Mme Desbordes Walmore.

LARRIEU, amiral, préfet maritime, est le fils d'un *petit marchand* de province.

LAVALLÉE (Théophile), auteur du meilleur résumé de l'*Histoire de France*; professeur à Saint-Cyr, officier de la Légion d'honneur, avait pour père un *cordonnier*.

LAZERGES (Hippolyte), peintre distingué; il a reçu tous les sacrements des médailles et de la décoration aux salons de peinture; son père était *boulanger*.

LEBLANC, le plus célèbre vétérinaire de Paris, membre de l'Académie de médecine, avait pour père un *cultivateur* dans le département des Deux-Sèvres.

LEBRUN, sénateur, membre de l'Académie française, est le fils d'un *joaillier*.

LEROUX (Alfred), vice-président du Corps législatif, commandeur de la Légion d'honneur, avait pour père un *négociant*.

LEVASSEUR, fameux chanteur de l'Opéra, fils d'un pauvre *laboureur* du département de l'Oise.

LÉVY (Michel), célèbre membre de l'Académie de médecine, grand officier de la Légion d'honneur, avait pour père un *marchand de rubans*.

LINCOLN, illustre président de la république américaine, mort assassiné en 1865, était le fils d'un pauvre et misérable *pionnier*, et commença l'apprentissage de la vie dans les durs et rudes travaux auxquels était soumis son père.

LYONNET (Mgr), archevêque d'Albi, est le fils d'un *mercier*.

MAGNE, ministre, membre du Conseil privé, l'un des plus éminents personnages du second Empire. Il avait pour père un pauvre et obscur *artisan* de Périgueux.

MASSÉ (Victor), célèbre compositeur, directeur des chœurs à l'Opéra, décoré, etc. ; son père était *marchand de clous*.

MAZÈRES, amiral, grand officier de la Légion d'honneur, est le fils d'un *menuisier*.

MEISSONIER, peintre illustre, membre de l'Institut, avait pour père un *négociant* lyonnais.

Il porte en sautoir le cordon de commandeur de la Légion d'honneur, dignité qui n'a été accordée qu'à trois autres peintres actuellement vivants : Schnetz, Gudin et Robert Fleury.

MICHELET, éminent historien, est le fils d'un *employé d'imprimerie*.

Il travailla d'abord à l'imprimerie de son père, mais son court apprentissage ne nuisit pas à ses études littéraires, puisque, dès 1826, Michelet était maître de conférences à l'Ecole normale. Professeur au Collége de France en 1838, il y a fait, jusqu'en 1851, un cours qui, à certaines époques, a tellement passionné la jeunesse des écoles, qu'il a fallu le supprimer par mesure de sûreté publique.

MIGNET, historien illustre, membre de l'Académie française, est le fils d'un *serrurier*.

En 1832, M. Mignet est entré à l'Académie des sciences morales et politiques. dont il est devenu secrétaire perpétuel en 1837. En 1836, il a été reçu à l'Académie française. Son *Histoire de la Révolution française* est devenue un livre populaire, tout en restant classique. C'est le meilleur et le plus éloquent résumé publié sur cette émouvante et dramatique époque.

MILLAUD, banquier, directeur du *Petit Journal*,

est le fils de *petits marchands* israélites établis sur le port, à Bordeaux.

MINIÉ, chef de bataillon, officier de la Légion d'honneur, inventeur des perfectionnements les plus utiles apportés dans les armes et les munitions de guerre, avait pour père un *cordonnier.*

MONSELET, un bibliophile, un savant, un fureteur, et surtout un écrivain de style, d'esprit et de bon sens. Son père était un *petit libraire* de Nantes.

MORLOT (Monseigneur), cardinal, archevêque de Paris, sénateur, était le fils d'un *petit ouvrier* de Langres.

MURGER, l'écrivain de la jeunesse étudiante et des grisettes... qui l'empêchent d'étudier; fils d'un *concierge*, il a laissé un nom et des œuvres originales qui protégeront de l'oubli, pendant de longues années encore, sa mémoire souvent calomniée.

NAUDET, savant distingué, membre de l'Institut, ancien directeur de la Bibliothèque impériale, avait pour père un *comédien.*

NÉLATON, illustre chirurgien, membre de l'Institut, grand officier de la Légion d'honneur, avait pour père un *tapissier.*

ODET-PELLION, amiral, était le fils d'un *marchand* de Gray.

PAGÉZY, député, conseiller général, commandeur de la Légion d'honneur, est fils d'un *commerçant* de Montpellier.

PÉLISSIER, duc de Malakoff, maréchal de France, sénateur, avait pour père un simple *contrôleur d'artillerie*.

PERRAUD, sculpteur, membre de l'Institut, est le fils d'un *cultivateur* du Jura.

PICOT, peintre estimé, membre de l'Institut; presque tous les jeunes maîtres de l'école actuelle ont passé par son atelier. Il avait pour père un *marchand mercier* à Paris.

PILS, célèbre peintre, officier de la Légion d'honneur, professeur à l'École des Beaux-Arts, est le fils d'un ancien *valet de chambre* du duc de Reggio, mort *huissier* dans un ministère.

PLICHON, avocat, député du parti clérical, officier de la Légion d'honneur, est le fils d'un *fabricant de savon*.

PODEVIN, l'un des bons préfets de l'Empire,

commandeur de la Légion d'honneur, avait pour père un *aubergiste.*

RACHEL (Mademoiselle), illustre tragédienne, morte en 1858 à l'apogée du talent et de la gloire. Ses parents étaient de pauvres *colporteurs* israélites. Elle les a tous plus ou moins enrichis.

RANDON, maréchal de France, sénateur, ancien ministre, avait pour père un *marchand de toiles.*

L'*Événement* du 19 mai 1866 donne cette origine à l'illustre maréchal dans une jolie étude anonyme.

REBOUL, poëte célèbre, ancien député, est le fils d'un *boulanger* de Nîmes.

RENAN (Ernest), de l'Institut, auteur de la trop fameuse *Vie de Jésus*, était fils d'un *épicier* de Tréguier.

J'ai trouvé ce renseignement dans quelques notes biographiques intéressantes publiées dans l'*Événement* du 18 avril 1866.

RICHÉ, conseiller d'État, avait pour père un *marchand de bois.*

RICORD, célèbre médecin spécialiste, membre de l'Académie de médecine, avait pour père un *marchand* de Baltimore.

RISTORI (Madame). Illustre tragédienne italienne, marquise Capranica del Grillo, avait pour parents des *comédiens de foire*.

ROLIN, général de division, gouverneur des palais impériaux, avait pour père un *petit employé* de l'État, à Sillery (Marne).

ROSSINI. Le père de l'illustre maestro était *chanteur ambulant*

SAINT-MARC-GIRARDIN, de l'Académie française, ancien conseiller d'État, ministre désigné de l'Instruction publique par Louis-Philippe, en février 1848, dans le dernier cabinet que le roi essaya, avait pour père un *commerçant*.

SAINTE-BEUVE, l'illustre écrivain, académicien, sénateur, avait pour père un *contrôleur* des Droits réunis.

SAMSON, ancien sociétaire du Théâtre-Français, professeur au Conservatoire, chevalier de la Légion d'honneur, avait pour père un *limonadier* qui tenait un petit café à Saint-Denis.

SCHNETZ, peintre célèbre, ancien directeur de l'Académie de France à Rome, membre de l'Institut, avait pour père un Suisse de la garde du roi Louis XVI. (Il est né en 1787, alors qu'il y avait encore des Suisses dans la garde du Roi.)

SCRIBE, fécond auteur dramatique, académicien, était le fils d'un *fabricant de soieries*

SEGRIS, député, commandeur de la Légion d'honneur, est le fils d'un *marchand* de Poitiers.

SIMART, célèbre sculpteur, mort en 1857, membre de l'Institut, était fils d'un *menuisier* de Troyes.

SIMON (Jules), député, membre de l'Institut, est le fils d'un *marchand de draps*.

STERCKS (Monseigneur), cardinal, archevêque de Malines, avait pour père un *laboureur*.

SUIN, sénateur, est le fils d'un *petit greffier* de province.

THÉNARD, l'un de nos plus illustres chimistes, membre de l'Institut, mort en 1857 ; il avait pour père un *cultivateur* du département de l'Aube.

THÉRY, membre éminent de l'Université, recteur d'Académie, commandeur de la Légion d'honneur, est le fils d'un *tailleur*.

THIERRY (Augustin et Amédée), tous deux membres de l'Institut ; le dernier sénateur. Leur père était *employé* à la mairie de Blois.

THIERS, orateur éminent, écrivain illustre, ancien ministre, académicien, avait pour père un *petit courtier d'affaires* de Marseille.

TOURANGIN, sénateur, avait pour père un *marchand* d'Issoudun.

ULBACH (Louis), homme de lettres distingué, est le fils d'un *tailleur* de Troyes.

VAILLANT, maréchal de France, ministre de la Maison de l'Empereur et des Beaux-Arts, membre de l'Institut, etc. est le fils d'un *secrétaire de la mairie*, à Dijon.

Voyez à ce sujet l'*Événement* du 5 juin 1866.

Voici le chiffre des émoluments de cet illustre personnage :

Maréchal de France.	40,000 fr.
Ministre.	100,000 fr.
Indemnité supplémentaire.	30,000 fr.
Sénateur	30,000 fr.
Grand Maréchal du Palais.	60,000 fr.
Grand'croix de la Légion d'honneur. . . .	3 000 fr.
Evaluation de son logement au Louvre, chauffage, éclairage, etc.	50,000 fr.
	313,000 fr.

VELPEAU, célèbre médecin, membre de l'Institut, était le fils d'un *maréchal ferrant.*

VERDI, compositeur illustre, est le fils d'un *aubergiste* du duché de Parme.

VÉRON (Le docteur), médecin, directeur de l'Opéra, député et même un peu homme de lettres. Il avait reçu la croix d'officier de la Légion d'honneur. Son père était *marchand papetier.*

VEUILLOT (Louis), journaliste célèbre, écrivain distingué malgré ses violences, est fils d'un *marchand tonnelier.*

VINOY, général de division, sénateur, est le fils d'un *mégissier.*

IMPRIMÉ PAR D. JOUAUST

POUR LA LIBRAIRIE ROUQUETTE

A PARIS

M DCCC LXVIII

www.ingramcontent.com/pod-product-compliance
Ingram Content Group UK Ltd.
Pitfield, Milton Keynes, MK11 3LW, UK
UKHW021318190726
13839UKWH00007B/2019

9 782329 424040